DIARY TO-DO
WITH SIGNIFICANT DATES 2020

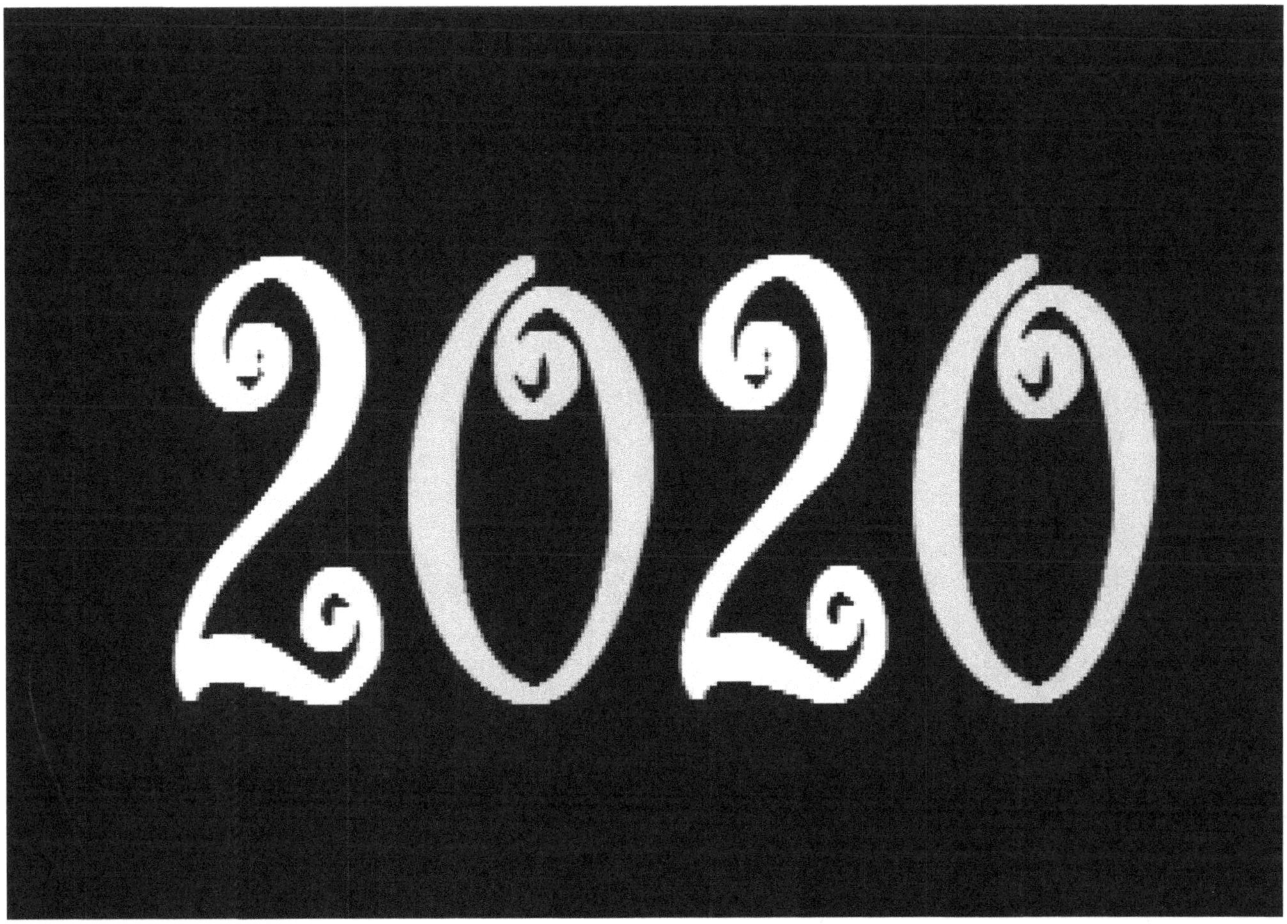

![2020]

This diary belongs to: _____

2020

JANUARY

S	M	T	W	T	F	S
			1	2	3	4
5	6	7	8	9	10	11
12	13	14	15	16	17	18
19	20	21	22	23	24	25
26	27	28	29	30		
30	31					

FEBRUARY

S	M	T	W	T	F	S
						1
2	3	4	5	6	7	8
9	10	11	12	13	14	15
16	17	18	19	20	21	22
23	24	25	26	27	28	29

MARCH

S	M	T	W	T	F	S
1	2	3	4	5	6	7
8	9	10	11	12	13	14
15	16	17	18	19	20	21
22	23	24	25	26	27	28
29	30	31				

APRIL

S	M	T	W	T	F	S
			1	2	3	4
5	6	7	8	9	10	11
12	13	14	15	16	17	18
19	20	21	22	23	24	25
26	27	28	29	30		

MAY

S	M	T	W	T	F	S
					1	2
3	4	5	6	7	8	9
10	11	12	13	14	15	16
17	18	19	20	21	22	23
24	25	26	27	28	29	30
31						

JUNE

S	M	T	W	T	F	S
	1	2	3	4	5	6
7	8	9	10	11	12	13
14	15	16	17	18	19	20
21	22	23	24	25	26	27
28	29	30				

JULY

S	M	T	W	T	F	S
			1	2	3	4
5	6	7	8	9	10	11
12	13	14	15	16	17	18
19	20	21	22	23	24	25
26	27	28	29	30	31	

AUGUST

S	M	T	W	T	F	S
						1
2	3	4	5	6	7	8
9	10	11	12	13	14	15
16	17	18	19	20	21	22
23	24	25	26	27	28	29
30	31					

SEPTEMBER

S	M	T	W	T	F	S
		1	2	3	4	5
6	7	8	9	10	11	12
13	14	15	16	17	18	19
20	21	22	23	24	25	26
27	28	29	30			

OCTOBER

S	M	T	W	T	F	S
				1	2	3
4	5	6	7	8	9	10
11	12	13	14	15	16	17
18	19	20	21	22	23	24
25	26	27	28	29	30	31

NOVEMBER

S	M	T	W	T	F	S
1	2	3	4	5	6	7
8	9	10	11	12	13	14
15	16	17	18	19	20	21
22	23	24	25	26	27	28
29	30					

DECEMBER

S	M	T	W	T	F	S
		1	2	3	4	5
6	7	8	9	10	11	12
13	14	15	16	17	18	19
20	21	22	23	24	25	26
27	28	29	30	31		

Holidays 2020

Date	UK Holidays	Where?	Date	USA Holidays
Jan 1st	New Year's Day	UK	Jan 1st	New Year's Day
Jan 2nd	New Years Day extra	Scotland	Jan 20th	Martin Luther King Day
Mar 17th	St. Patrick's Day	N. Ireland	Feb 17th	President's Day
Apr 10th	Good Friday	UK	May 25th	Memorial Day
Apr 13th	Easter Monday	UK	Jul 3rd	Independence Day (observed)
May 4th	Early May Day	UK	July 4th	Independence Day
May 25th	Spring Bank Holiday	UK	Sep 7th	Labor Day
Jul 12th	Battle of the Boyne	N. Ireland	Oct 12th	Columbus Day
Aug 3rd	August Bank Holiday	Scotland	Nov 11th	Veterans Day
Aug 31st	August Bank Holiday	UK	Nov 26th	Thanksgiving Day
Nov 30th	St. Andrew's Day	Scotland	Dec 25th	Christmas Day
Dec 25th	Christmas Day	UK		

Chinese Holidays

Jan 25th	Chinese New Year

Date	UK Holidays	Where?
Dec 26th	Boxing Day	UK
Dec 28th	Boxing Day Monday	UK

Jewish Holidays

Sep 19th	Rosh HaSanah
Sep 28th	Yom Kippur
Oct 3rd	Sukkot
Oct 10th	Shemini Atzeret
Oct 11th	Simchat Torah
Oct 25th	Sun Yom HaAliyah (school obs.)
Dec 11th	Hanukkah

Hindu Holidays

Jan 14th	Makar Sakranti
Jan 30th	Vasant Panchami
Feb 22nd	Maha Shivaratri
Mar 3rd	The Holi

Muslim Holidays

1st Jan	New Years Day	23rd Apr-23rd May	Ramadan
1st May	Workers Day	20th May	Laylat al-Qadr
24th May	Eid al-Fitr / Koriteh	29th-3rd Aug Jul	Hajj
30th July	Day of Arafah	31st Jul	Eid al-Hijja / Tabaski
15th Aug	Assumption	29th Aug	Ashura
29th Oct	Prophet Muhammad Birthday	25th Dec	Christmas Day

Moon Phases 2020

●	◗	○	◖
	Jan 3rd	Jan 11th	Jan 17th
Jan 25th	Feb 2nd	Feb 9th	Feb 16th
Feb 23rd	Mar 3rd	Mar 9th	Mar 16th
Mar 24th	Apr 1st	Apr 8th	Apr 15th
Apr 23rd	May 1st	May 7th	May 14th
May 22nd	May 30th	Jun 6th	Jun 13th
Jun 21st	Jun 28th	Jul 5th	Jul 13th
Jul 20st	Jul 27th	Aug 3rd	Aug 11th
Aug 19th	Aug 25th	Sep 2nd	Sep 10th
Sep 17th	Sep 24th	Oct 2nd	Oct 10th
Oct 17th	Oct 23rd	Oct 31st	Nov 8th
Nov 15th	Nov 22nd	Nov 30th	Dec 8th
Dec 14th	Dec 22nd	Dec 30th	

Women's clothing sizes

UK	4	6	8	10	12	14	16	18	20	22	24	26
EU	32	34	36	38	40	42	44	46	48	50	52	54
US	1	2	4	6	8	10	12	14	16	18	20	22
Bust "	30	31	32	34	36	38	40	43	45 ½	48	50 ½	53
Waist "	22 ¾	23 ¾	24 ¾	26 ¾	28 ¾	30 ¾	32 ¾	35 ¾	38 ½	41	43 ½	46
Hips "	32 ¾	33 ¾	34 ¾	36 ¾	38 ¾	40 ¾	42 ¾	45 ¾	48 ½	51	53 ½	56

Shoe Sizes

Shoe sizes – Women			Shoe sizes – Men		
US	EU	UK	US	EU	UK
6	36-37	4	7	40	6
6.5	37	4.5	7.5	40-41	6.5
7	37-38	5	8	41	7
7.5	38	5.5	8.5	41-42	7.5
8	38-39	6	9	42	8
8.5	39	6.5	9.5	42-43	8.5
9	39-40	7	10	43	9
9.5	40	7.5	10.5	43-44	9.5
10	40-41	8	11	44	10
10.5	41	8.5	11.5	44-45	10.5
11	41-42	9	12	45	11
			13	46	12

COUNTRY	INTERNATIONAL DIALLING CODE
AFGHANISTAN	93
ALBANIA	355
ALGERIA	213
AMERICAN SAMOA	1 684
ANDORRA	376
ANGOLA	244
ANGUILLA	1 264
ANTARCTICA (AUSTRALIAN BASES)	6721
ANTIGUA & BARBUDA	1 268
ARGENTINA	54
ARMENIA	374
ARUBA	297
ASCENSION	247
AUSTRALIA	61
AUSTRIA	43
AZERBAIJAN	994
BAHAMAS	1 242
BAHRAIN	973
BANGLADESH	880
BARBADOS	1 246
BELARUS	375
BELGIUM	32
BELIZE	501
BENIN	229
BERMUDA	1 441
BHUTAN	975
BOLIVIA	591
BOSNIA & HERZEGOVINA	387
BOTSWANA	267
BRAZIL	55
BRITISH INDIAN OCEAN TERRITORY	246
BRITISH VIRGIN ISLANDS	1 284
BRUNEI	673

BULGARIA	359
BURKINA FASO	226
BURUNDI	257
CAMBODIA	855
CAMEROON	237
CANADA	1
CAPE VERDE	238
CAYMAN ISLANDS	1 345
CENTRAL AFRICAN REPUBLIC	236
CHAD	235
CHILE	56
CHINA	86
COLOMBIA	57
COMOROS	269
CONGO, DEMOCRATIC REPUBLIC OF THE	243
CONGO, REPUBLIC OF THE	242
COOK ISLANDS	682
COSTA RICA	506
COTE D'IVOIRE	225
CROATIA	385
CUBA	53
CURACAO	599
CYPRUS	357
CZECH REPUBLIC	420
DENMARK	45
DJIBOUTI	253
DOMINICA	1 767
DOMINICAN REPUBLIC	1 809 / 1 829
EAST TIMOR	670
ECUADOR	593
EGYPT	20
EL SALVADOR	503
EQUATORIAL GUINEA	240
ERITREA	291

ESTONIA	372
ETHIOPIA	251
FALKLAND ISLANDS	500
FAROE ISLANDS	298
FIJI	679
FINLAND	358
FRANCE	33
FRENCH GUIANA	594
FRENCH POLYNESIA	689
GABON	241
GAMBIA	220
GAZA	970
GEORGIA	995
GHANA	233
GIBRALTAR	350
GREECE	30
GREENLAND	299
GRENADA	1 473
GUADELOUPE	590
GUAM	1 671
GUATEMALA	502
GUINEA	224
GUINEA-BISSAU	245
GUYANA	592
HAITI	509
HONDURAS	504
HONG KONG	852
HUNGARY	36
ICELAND	354
INDIA	91
INDONESIA	62
IRAQ	964
IRAN	98
IRELAND	353

ISRAEL	972
ITALY	39
JAMAICA	1 876
JAPAN	81
JORDAN	962
KAZAKHSTAN	7
KENYA	254
KIRIBATI	686
KOSOVO	383
KUWAIT	965
KYRGYZSTAN	996
LAOS	856
LATVIA	371
LEBANON	961
LESOTHO	266
LIBERIA	231
LIBYA	218
LIECHTENSTEIN	423
LITHUANIA	370
LUXEMBOURG	352
MACAU	853
MACEDONIA	389
MADAGASCAR	261
MALAWI	265
MALAYSIA	60
MALDIVES	960
MALI	223
MALTA	356
MARSHALL ISLANDS	692
MARTINIQUE	596
MAURITANIA	222
MAURITIUS	230
MAYOTTE	262
MEXICO	52

MICRONESIA	691
MOLDOVA	373
MONACO	377
MONGOLIA	976
MONTENEGRO	382
MONTSERRAT	1 664
MOROCCO	212
MOZAMBIQUE	258
MYANMAR	95
NAMIBIA	264
NAURU	674
NETHERLANDS	31
NETHERLANDS ANTILLES	599
NEPAL	977
NEW CALEDONIA	687
NEW ZEALAND	64
NICARAGUA	505
NIGER	227
NIGERIA	234
NIUE	683
NORFOLK ISLAND	6723
NORTH KOREA	850
NORTHERN IRELAND	4428
NORTHERN MARIANA ISLANDS	1 670
NORWAY	47
OMAN	968
PAKISTAN	92
PALAU	680
PANAMA	507
PAPUA NEW GUINEA	675
PARAGUAY	595
PERU	51
PHILIPPINES	63
POLAND	48

PORTUGAL	351
PUERTO RICO	1 787 / 1 939
QATAR	974
REUNION	262
ROMANIA	40
RUSSIA	7
RWANDA	250
SAINT-BARTHELEMY	590
SAINT HELEN & TRISTAN DA CUNHA	290
SAINT KITTS & NEVIS	1 869
SAINT LUCIA	1 758
SAINT MARTIN	590
SAINT PIERRE & MIQUELON	508
SAINT VINCENT & THE GRENADINES	1 784
SAMOA TOME & PRINCIPE	685
SAO TOME & PRINCIPE	239
SAUDI ARABIA	966
SENEGAL	221
SERBIA	381
SEYCHELLES	248
SIERRA LEONE	232
SINT MAARTEN	1 721
SINGAPORE	65
SLOVAKIA	421
SLOVENIA	386
SOLOMON ISLANDS`	677
SOMALIA	252
SOUTH AFRICA	27
SOUTH KOREA	82
SOUTH SUDAN	211
SPAIN	34
SRI LANKA	94
SUDAN	249
SURINAME	597

SWAZILAND	268
SWEDEN	46
SWITZERLAND	41
SYRIA	963
TAIWAN	886
TAJIKISTAN	992
TANZANIA	255
THAILAND	66
TOGO	228
TOKELAU	690
TONGA	676
TRINIDAD & TOBAGO	1 8868
TUNISIA	216
TURKEY	90
TURKMENISTAN	993
TURKS & CAICOS ISLANDS	1 649
TUVALU	688
UGANDA	256
UKRAINE	380
UNITED ARAB EMIRATES	971
UNITED KINGDOM	44
UNITED STATES OF AMERICA	1
URUGUAY	598
UZBEKISTAN	998
VANUATU	678
VENEZUELA	58
VIETNAM	84
US VIRGIN ISLANDS	1 340
WALLIS & FUTUNA	681
WEST BANK	970
YEMEN	967
ZAMBIA	260
ZIMBABWE	263

JANUARY	2020

1 New Year's Day BH UK FD USA | **To-Do**

_____ 1 [ ] _____
_____ 2 [ ] _____
_____ 3 [ ] _____
_____ 4 [ ] _____
_____ 5 [ ] _____

To-Do | **2** Extra NYD UK

1 [ ] _____ _____
2 [ ] _____ _____
3 [ ] _____ _____
4 [ ] _____ _____
5 [ ] _____ _____

3 | **To-Do**

_____ 1 [ ] _____
_____ 2 [ ] _____
_____ 3 [ ] _____
_____ 4 [ ] _____
_____ 5 [ ] _____

To-Do | **4**

1 [ ] _____ _____
2 [ ] _____ _____
3 [ ] _____ _____
4 [ ] _____ _____
5 [ ] _____ _____

5	To-Do
_____	1 [ ] _____
_____	2 [ ] _____
_____	3 [ ] _____
_____	4 [ ] _____
_____	5 [ ] _____

To-Do	6 Epiphany
1 [ ] _____	_____
2 [ ] _____	_____
3 [ ] _____	_____
4 [ ] _____	_____
5 [ ] _____	_____

7 Orthodox Christmas Day	To-Do
_____	1 [ ] _____
_____	2 [ ] _____
_____	3 [ ] _____
_____	4 [ ] _____
_____	5 [ ] _____

To-Do	8
1 [ ] _____	_____
2 [ ] _____	_____
3 [ ] _____	_____
4 [ ] _____	_____
5 [ ] _____	_____

9	To-Do

1 [ ] _____

2 [ ] _____

3 [ ] _____

4 [ ] _____

5 [ ] _____

To-Do	10

1 [ ] _____

2 [ ] _____

3 [ ] _____

4 [ ] _____

5 [ ] _____

11	To-Do

1 [ ] _____

2 [ ] _____

3 [ ] _____

4 [ ] _____

5 [ ] _____

To-Do	12

1 [ ] _____

2 [ ] _____

3 [ ] _____

4 [ ] _____

5 [ ] _____

13	To-Do
	1 [ ]
	2 [ ]
	3 [ ]
	4 [ ]
	5 [ ]

To-Do	14 Orthodox New Year / Makar Sakranti
1 [ ]	
2 [ ]	
3 [ ]	
4 [ ]	
5 [ ]	

15	To-Do
	1 [ ]
	2 [ ]
	3 [ ]
	4 [ ]
	5 [ ]

To-Do	16
1 [ ]	
2 [ ]	
3 [ ]	
4 [ ]	
5 [ ]	

17   To-Do

1 [ ] _____

2 [ ] _____

3 [ ] _____

4 [ ] _____

5 [ ] _____

To-Do   18

1 [ ] _____ _____

2 [ ] _____ _____

3 [ ] _____ _____

4 [ ] _____ _____

5 [ ] _____ _____

19   To-Do

1 [ ] _____

2 [ ] _____

3 [ ] _____

4 [ ] _____

5 [ ] _____

To-Do   20 Martin Luther King Day USA

1 [ ] _____ _____

2 [ ] _____ _____

3 [ ] _____ _____

4 [ ] _____ _____

5 [ ] _____ _____

21	To-Do

1 [ ]
2 [ ]
3 [ ]
4 [ ]
5 [ ]

To-Do	22

1 [ ]
2 [ ]
3 [ ]
4 [ ]
5 [ ]

23	To-Do

1 [ ]
2 [ ]
3 [ ]
4 [ ]
5 [ ]

To-Do	24

1 [ ]
2 [ ]
3 [ ]
4 [ ]
5 [ ]

25 Burns Night (UK) Chinese New Year

To-Do

1 [ ] _____
2 [ ] _____
3 [ ] _____
4 [ ] _____
5 [ ] _____

To-Do　　　　　　　　　　　　　　　　26

1 [ ] _____
2 [ ] _____
3 [ ] _____
4 [ ] _____
5 [ ] _____

27　　　　　　　　　　　　　　　　**To-Do**

1 [ ] _____
2 [ ] _____
3 [ ] _____
4 [ ] _____
5 [ ] _____

To-Do　　　　　　　　　　　　　　　　28

1 [ ] _____
2 [ ] _____
3 [ ] _____
4 [ ] _____
5 [ ] _____

29	To-Do
_____	1 [ ] _____
_____	2 [ ] _____
_____	3 [ ] _____
_____	4 [ ] _____
_____	5 [ ] _____

To-Do	**30** Vasant Pasnchami
1 [ ] _____	_____
2 [ ] _____	_____
3 [ ] _____	_____
4 [ ] _____	_____
5 [ ] _____	_____

31	To-Do
_____	1 [ ] _____
_____	2 [ ] _____
_____	3 [ ] _____
_____	4 [ ] _____
_____	5 [ ] _____

1

To-Do

1 [ ] _____
2 [ ] _____
3 [ ] _____
4 [ ] _____
5 [ ] _____

_____
_____
_____
_____
_____

To-Do

1 [ ] _____
2 [ ] _____
3 [ ] _____
4 [ ] _____
5 [ ] _____

2 Ground-Hog Day / Super Bowl USA

_____
_____
_____
_____
_____

3

To-Do

1 [ ] _____
2 [ ] _____
3 [ ] _____
4 [ ] _____
5 [ ] _____

_____
_____
_____
_____
_____

To-Do

1 [ ] _____
2 [ ] _____
3 [ ] _____
4 [ ] _____
5 [ ] _____

4 Rosa Parks Day USA

_____
_____
_____
_____
_____

5	To-Do

_____   1 [ ] _____

_____   2 [ ] _____

_____   3 [ ] _____

_____   4 [ ] _____

_____   5 [ ] _____

To-Do	6

1 [ ] _____   _____

2 [ ] _____   _____

3 [ ] _____   _____

4 [ ] _____   _____

5 [ ] _____   _____

7	To-Do

_____   1 [ ] _____

_____   2 [ ] _____

_____   3 [ ] _____

_____   4 [ ] _____

_____   5 [ ] _____

To-Do	8

1 [ ] _____   _____

2 [ ] _____   _____

3 [ ] _____   _____

4 [ ] _____   _____

5 [ ] _____   _____

9	To-Do

1 [ ] _____

2 [ ] _____

3 [ ] _____

4 [ ] _____

5 [ ] _____

To-Do 10

1 [ ] _____

2 [ ] _____

3 [ ] _____

4 [ ] _____

5 [ ] _____

11	To-Do

1 [ ] _____

2 [ ] _____

3 [ ] _____

4 [ ] _____

5 [ ] _____

To-Do 12 Lincoln's Birthday USA

1 [ ] _____

2 [ ] _____

3 [ ] _____

4 [ ] _____

5 [ ] _____

13	To-Do
_____	1 [ ] _____
_____	2 [ ] _____
_____	3 [ ] _____
_____	4 [ ] _____
_____	5 [ ] _____

To-Do	14 Valentine's Day UK USA
1 [ ] _____	_____
2 [ ] _____	_____
3 [ ] _____	_____
4 [ ] _____	_____
5 [ ] _____	_____

15	To-Do
_____	1 [ ] _____
_____	2 [ ] _____
_____	3 [ ] _____
_____	4 [ ] _____
_____	5 [ ] _____

To-Do	16
1 [ ] _____	_____
2 [ ] _____	_____
3 [ ] _____	_____
4 [ ] _____	_____
5 [ ] _____	_____

FEBRUARY	2020

President's Day USA **17**	To-Do
_____	1 [ ] _____
_____	2 [ ] _____
_____	3 [ ] _____
_____	4 [ ] _____
_____	5 [ ] _____

To-Do	**18**
1 [ ] _____	_____
2 [ ] _____	_____
3 [ ] _____	_____
4 [ ] _____	_____
5 [ ] _____	_____

George Washington's Birthday USA **19**	To-Do
_____	1 [ ] _____
_____	2 [ ] _____
_____	3 [ ] _____
_____	4 [ ] _____
_____	5 [ ] _____

To-Do	**20**
1 [ ] _____	_____
2 [ ] _____	_____
3 [ ] _____	_____
4 [ ] _____	_____
5 [ ] _____	_____

21	To-Do
	1 [ ]
	2 [ ]
	3 [ ]
	4 [ ]
	5 [ ]

To-Do	22 Maha Shivartri
1 [ ]	
2 [ ]	
3 [ ]	
4 [ ]	
5 [ ]	

23	To-Do
	1 [ ]
	2 [ ]
	3 [ ]
	4 [ ]
	5 [ ]

To-Do	24
1 [ ]	
2 [ ]	
3 [ ]	
4 [ ]	
5 [ ]	

25 Shrove Tuesday UK	To-Do
	1 [ ] _____
	2 [ ] _____
	3 [ ] _____
	4 [ ] _____
	5 [ ] _____

To-Do	Ash Wednesday UK 26
1 [ ] _____	_____
2 [ ] _____	_____
3 [ ] _____	_____
4 [ ] _____	_____
5 [ ] _____	_____

27	To-Do
	1 [ ] _____
	2 [ ] _____
	3 [ ] _____
	4 [ ] _____
	5 [ ] _____

To-Do	28
1 [ ] _____	_____
2 [ ] _____	_____
3 [ ] _____	_____
4 [ ] _____	_____
5 [ ] _____	_____

MARCH	2020

1 St. David's Day UK Wales

To-Do

1 [ ] _____
2 [ ] _____
3 [ ] _____
4 [ ] _____
5 [ ] _____

To-Do   **2**

1 [ ] _____ _____
2 [ ] _____ _____
3 [ ] _____ _____
4 [ ] _____ _____
5 [ ] _____ _____

The Holi **3**

To-Do

1 [ ] _____
2 [ ] _____
3 [ ] _____
4 [ ] _____
5 [ ] _____

To-Do   **4**

1 [ ] _____ _____
2 [ ] _____ _____
3 [ ] _____ _____
4 [ ] _____ _____
5 [ ] _____ _____

5	To-Do

_____ 1 [ ] _____

_____ 2 [ ] _____

_____ 3 [ ] _____

_____ 4 [ ] _____

_____ 5 [ ] _____

To-Do	6

1 [ ] _____ _____

2 [ ] _____ _____

3 [ ] _____ _____

4 [ ] _____ _____

5 [ ] _____ _____

7	To-Do

_____ 1 [ ] _____

_____ 2 [ ] _____

_____ 3 [ ] _____

_____ 4 [ ] _____

_____ 5 [ ] _____

To-Do	8

1 [ ] _____ _____

2 [ ] _____ _____

3 [ ] _____ _____

4 [ ] _____ _____

5 [ ] _____ _____

9	To-Do
_____	1 [ ] _____
_____	2 [ ] _____
_____	3 [ ] _____
_____	4 [ ] _____
_____	5 [ ] _____

To-Do	10
1 [ ] _____	_____
2 [ ] _____	_____
3 [ ] _____	_____
4 [ ] _____	_____
5 [ ] _____	_____

11	To-Do
_____	1 [ ] _____
_____	2 [ ] _____
_____	3 [ ] _____
_____	4 [ ] _____
_____	5 [ ] _____

To-Do	12
1 [ ] _____	_____
2 [ ] _____	_____
3 [ ] _____	_____
4 [ ] _____	_____
5 [ ] _____	_____

13	To-Do
_____	1 [ ] _____
_____	2 [ ] _____
_____	3 [ ] _____
_____	4 [ ] _____
_____	5 [ ] _____

To-Do	14
1 [ ] _____	_____
2 [ ] _____	_____
3 [ ] _____	_____
4 [ ] _____	_____
5 [ ] _____	_____

15	To-Do
_____	1 [ ] _____
_____	2 [ ] _____
_____	3 [ ] _____
_____	4 [ ] _____
_____	5 [ ] _____

To-Do	16
1 [ ] _____	_____
2 [ ] _____	_____
3 [ ] _____	_____
4 [ ] _____	_____
5 [ ] _____	_____

17 St. Patrick's Day BH Scotland   **To-Do**

_____ 1 [ ] _____
_____ 2 [ ] _____
_____ 3 [ ] _____
_____ 4 [ ] _____
_____ 5 [ ] _____

To-Do   **18**

1 [ ] _____ _____
2 [ ] _____ _____
3 [ ] _____ _____
4 [ ] _____ _____
5 [ ] _____ _____

19 March Equinox   **To-Do**

_____ 1 [ ] _____
_____ 2 [ ] _____
_____ 3 [ ] _____
_____ 4 [ ] _____
_____ 5 [ ] _____

To-Do   **20**

1 [ ] _____ _____
2 [ ] _____ _____
3 [ ] _____ _____
4 [ ] _____ _____
5 [ ] _____ _____

21	To-Do
_____	1 [ ] _____
_____	2 [ ] _____
_____	3 [ ] _____
_____	4 [ ] _____
_____	5 [ ] _____

To-Do	22 Mothering Sunday USA
1 [ ] _____	_____
2 [ ] _____	_____
3 [ ] _____	_____
4 [ ] _____	_____
5 [ ] _____	_____

23	To-Do
_____	1 [ ] _____
_____	2 [ ] _____
_____	3 [ ] _____
_____	4 [ ] _____
_____	5 [ ] _____

To-Do	24
1 [ ] _____	_____
2 [ ] _____	_____
3 [ ] _____	_____
4 [ ] _____	_____
5 [ ] _____	_____

25	To-Do
	1 [ ]
	2 [ ]
	3 [ ]
	4 [ ]
	5 [ ]

To-Do	26
1 [ ]	
2 [ ]	
3 [ ]	
4 [ ]	
5 [ ]	

27	To-Do
	1 [ ]
	2 [ ]
	3 [ ]
	4 [ ]
	5 [ ]

To-Do	28
1 [ ]	
2 [ ]	
3 [ ]	
4 [ ]	
5 [ ]	

29	To-Do
_____	1 [ ] _____
_____	2 [ ] _____
_____	3 [ ] _____
_____	4 [ ] _____
_____	5 [ ] _____

To-Do	30
1 [ ] _____	_____
2 [ ] _____	_____
3 [ ] _____	_____
4 [ ] _____	_____
5 [ ] _____	_____

31	To-Do
_____	1 [ ] _____
_____	2 [ ] _____
_____	3 [ ] _____
_____	4 [ ] _____
_____	5 [ ] _____

APRIL	2020

1	To-Do
_____	1 [ ] _____
_____	2 [ ] _____
_____	3 [ ] _____
_____	4 [ ] _____
_____	5 [ ] _____

To-Do	2
1 [ ] _____	_____
2 [ ] _____	_____
3 [ ] _____	_____
4 [ ] _____	_____
5 [ ] _____	_____

3	To-Do
_____	1 [ ] _____
_____	2 [ ] _____
_____	3 [ ] _____
_____	4 [ ] _____
_____	5 [ ] _____

To-Do	4
1 [ ] _____	_____
2 [ ] _____	_____
3 [ ] _____	_____
4 [ ] _____	_____
5 [ ] _____	_____

APRIL	2020

5 Palm Sunday UK

To-Do

1 [ ] _____
2 [ ] _____
3 [ ] _____
4 [ ] _____
5 [ ] _____

_____
_____
_____
_____
_____

To-Do 　　　　　　　　　**6**

1 [ ] _____ _____
2 [ ] _____ _____
3 [ ] _____ _____
4 [ ] _____ _____
5 [ ] _____ _____

　　　　　　　　　7 　　　　　　　　　**To-Do**

_____ 1 [ ] _____
_____ 2 [ ] _____
_____ 3 [ ] _____
_____ 4 [ ] _____
_____ 5 [ ] _____

To-Do 　　　　　　　　　**8**

1 [ ] _____ _____
2 [ ] _____ _____
3 [ ] _____ _____
4 [ ] _____ _____
5 [ ] _____ _____

APRIL	2020

9 Maundy Thursday UK

To-Do

1 [ ] _____
2 [ ] _____
3 [ ] _____
4 [ ] _____
5 [ ] _____

To-Do

1 [ ] _____
2 [ ] _____
3 [ ] _____
4 [ ] _____
5 [ ] _____

BH Good Friday UK **10**

11 Holy Saturday UK

To-Do

1 [ ] _____
2 [ ] _____
3 [ ] _____
4 [ ] _____
5 [ ] _____

To-Do

1 [ ] _____
2 [ ] _____
3 [ ] _____
4 [ ] _____
5 [ ] _____

Easter Sunday (Passover) UK **12**

13 BH Easter Monday UK   **To-Do**

1 [ ] _____

2 [ ] _____

3 [ ] _____

4 [ ] _____

5 [ ] _____

To-Do   **14**

1 [ ] _____

2 [ ] _____

3 [ ] _____

4 [ ] _____

5 [ ] _____

15   **To-Do**

1 [ ] _____

2 [ ] _____

3 [ ] _____

4 [ ] _____

5 [ ] _____

To-Do   **16**

1 [ ] _____

2 [ ] _____

3 [ ] _____

4 [ ] _____

5 [ ] _____

17 Orthodox Good Friday   **To-Do**

_____ 1 [ ] _____
_____ 2 [ ] _____
_____ 3 [ ] _____
_____ 4 [ ] _____
_____ 5 [ ] _____

To-Do   **18**

1 [ ] _____   _____
2 [ ] _____   _____
3 [ ] _____   _____
4 [ ] _____   _____
5 [ ] _____   _____

19 Orthodox Easter   **To-Do**

_____ 1 [ ] _____
_____ 2 [ ] _____
_____ 3 [ ] _____
_____ 4 [ ] _____
_____ 5 [ ] _____

To-Do   Orthodox Easter Monday **20**

1 [ ] _____   _____
2 [ ] _____   _____
3 [ ] _____   _____
4 [ ] _____   _____
5 [ ] _____   _____

21	To-Do
_____	1 [ ] _____
_____	2 [ ] _____
_____	3 [ ] _____
_____	4 [ ] _____
_____	5 [ ] _____

To-Do	22
1 [ ] _____	_____
2 [ ] _____	_____
3 [ ] _____	_____
4 [ ] _____	_____
5 [ ] _____	_____

23 Shakespeare Day – St. Georges Day UK	To-Do Ramadan Starts
_____	1 [ ] _____
_____	2 [ ] _____
_____	3 [ ] _____
_____	4 [ ] _____
_____	5 [ ] _____

To-Do	24 Ramadan
1 [ ] _____	_____
2 [ ] _____	_____
3 [ ] _____	_____
4 [ ] _____	_____
5 [ ] _____	_____

APRIL	2020

Ramadan **25**

To-Do

1 [ ] _____
2 [ ] _____
3 [ ] _____
4 [ ] _____
5 [ ] _____

To-Do

1 [ ] _____
2 [ ] _____
3 [ ] _____
4 [ ] _____
5 [ ] _____

26 Ramadan

Ramadan **27**

To-Do

1 [ ] _____
2 [ ] _____
3 [ ] _____
4 [ ] _____
5 [ ] _____

To-Do

1 [ ] _____
2 [ ] _____
3 [ ] _____
4 [ ] _____
5 [ ] _____

28 Ramadan

Ramadan 29	To-Do
_____	1 [ ] _____
_____	2 [ ] _____
_____	3 [ ] _____
_____	4 [ ] _____
_____	5 [ ] _____

To-Do	30 Ramadan
1 [ ] _____	_____
2 [ ] _____	_____
3 [ ] _____	_____
4 [ ] _____	_____
5 [ ] _____	_____

MAY	2020

To-Do

1 [ ] _____
2 [ ] _____
3 [ ] _____
4 [ ] _____
5 [ ] _____

To-Do

1 [ ] _____
2 [ ] _____
3 [ ] _____
4 [ ] _____
5 [ ] _____

To-Do

1 [ ] _____
2 [ ] _____
3 [ ] _____
4 [ ] _____
5 [ ] _____

To-Do

1 [ ] _____
2 [ ] _____
3 [ ] _____
4 [ ] _____
5 [ ] _____

Ramadan 5

To-Do

1 [ ] _____
2 [ ] _____
3 [ ] _____
4 [ ] _____
5 [ ] _____

_____
_____
_____
_____
_____

To-Do

6 Ramadan

1 [ ] _____
2 [ ] _____
3 [ ] _____
4 [ ] _____
5 [ ] _____

Ramadan 7

To-Do

1 [ ] _____
2 [ ] _____
3 [ ] _____
4 [ ] _____
5 [ ] _____

_____
_____
_____
_____
_____

To-Do

8 Ramadan

1 [ ] _____
2 [ ] _____
3 [ ] _____
4 [ ] _____
5 [ ] _____

Ramadan 9

To-Do

1 [ ] _____
2 [ ] _____
3 [ ] _____
4 [ ] _____
5 [ ] _____

_____
_____
_____
_____
_____

To-Do

10 Ramadan / Mother's Day

1 [ ] _____ _____
2 [ ] _____ _____
3 [ ] _____ _____
4 [ ] _____ _____
5 [ ] _____ _____

Ramadan 11

To-Do

1 [ ] _____
2 [ ] _____
3 [ ] _____
4 [ ] _____
5 [ ] _____

_____
_____
_____
_____
_____

To-Do

12 Mother's Day USA / Ramadan

1 [ ] _____ _____
2 [ ] _____ _____
3 [ ] _____ _____
4 [ ] _____ _____
5 [ ] _____ _____

Ramadan 13	To-Do
_____	1 [ ] _____
_____	2 [ ] _____
_____	3 [ ] _____
_____	4 [ ] _____
_____	5 [ ] _____

To-Do	14 Ramadan
1 [ ] _____	_____
2 [ ] _____	_____
3 [ ] _____	_____
4 [ ] _____	_____
5 [ ] _____	_____

Ramadan 15	To-Do
_____	1 [ ] _____
_____	2 [ ] _____
_____	3 [ ] _____
_____	4 [ ] _____
_____	5 [ ] _____

To-Do	16 Ramadan
1 [ ] _____	_____
2 [ ] _____	_____
3 [ ] _____	_____
4 [ ] _____	_____
5 [ ] _____	_____

Ramadan 17 **To-Do**

1 [ ] _____

2 [ ] _____

3 [ ] _____

4 [ ] _____

5 [ ] _____

To-Do 18 Ramadan

1 [ ] _____

2 [ ] _____

3 [ ] _____

4 [ ] _____

5 [ ] _____

Ramadan 19 **To-Do**

1 [ ] _____

2 [ ] _____

3 [ ] _____

4 [ ] _____

5 [ ] _____

To-Do 20 Laylat al-Qadr / Ramadan

1 [ ] _____

2 [ ] _____

3 [ ] _____

4 [ ] _____

5 [ ] _____

Ramadan 21	To-Do
_____	1 [ ] _____
_____	2 [ ] _____
_____	3 [ ] _____
_____	4 [ ] _____
_____	5 [ ] _____

To-Do	22 Ramadan
1 [ ] _____	_____
2 [ ] _____	_____
3 [ ] _____	_____
4 [ ] _____	_____
5 [ ] _____	_____

Ramadan Ends 23	To-Do
_____	1 [ ] _____
_____	2 [ ] _____
_____	3 [ ] _____
_____	4 [ ] _____
_____	5 [ ] _____

To-Do	24 Eid al-Fitre
1 [ ] _____	_____
2 [ ] _____	_____
3 [ ] _____	_____
4 [ ] _____	_____
5 [ ] _____	_____

MAY	2020

To-Do Africa Day

1 [ ] _____

2 [ ] _____

3 [ ] _____

4 [ ] _____

5 [ ] _____

To-Do | **26**

1 [ ] _____

2 [ ] _____

3 [ ] _____

4 [ ] _____

5 [ ] _____

27 | **To-Do**

1 [ ] _____

2 [ ] _____

3 [ ] _____

4 [ ] _____

5 [ ] _____

To-Do | **28**

1 [ ] _____

2 [ ] _____

3 [ ] _____

4 [ ] _____

5 [ ] _____

29	To-Do
_____	1 [ ] _____
_____	2 [ ] _____
_____	3 [ ] _____
_____	4 [ ] _____
_____	5 [ ] _____

To-Do 30

1 [ ] _____ _____
2 [ ] _____ _____
3 [ ] _____ _____
4 [ ] _____ _____
5 [ ] _____ _____

31 Pentecost	To-Do
_____	1 [ ] _____
_____	2 [ ] _____
_____	3 [ ] _____
_____	4 [ ] _____
_____	5 [ ] _____

1	To-Do

1 [ ] _____

2 [ ] _____

3 [ ] _____

4 [ ] _____

5 [ ] _____

To-Do	2

1 [ ] _____

2 [ ] _____

3 [ ] _____

4 [ ] _____

5 [ ] _____

3	To-Do

1 [ ] _____

2 [ ] _____

3 [ ] _____

4 [ ] _____

5 [ ] _____

To-Do	4 Koriteh

1 [ ] _____

2 [ ] _____

3 [ ] _____

4 [ ] _____

5 [ ] _____

5	To-Do

1 [ ] _____

2 [ ] _____

3 [ ] _____

4 [ ] _____

5 [ ] _____

To-Do	6 D-Day

1 [ ] _____

2 [ ] _____

3 [ ] _____

4 [ ] _____

5 [ ] _____

7	To-Do

1 [ ] _____

2 [ ] _____

3 [ ] _____

4 [ ] _____

5 [ ] _____

To-Do	8 Queen of England's Birthday

1 [ ] _____

2 [ ] _____

3 [ ] _____

4 [ ] _____

5 [ ] _____

JUNE	2020

9	To-Do
	1 [ ]
	2 [ ]
	3 [ ]
	4 [ ]
	5 [ ]

To-Do	10
1 [ ]	
2 [ ]	
3 [ ]	
4 [ ]	
5 [ ]	

11	To-Do
	1 [ ]
	2 [ ]
	3 [ ]
	4 [ ]
	5 [ ]

To-Do	12
1 [ ]	
2 [ ]	
3 [ ]	
4 [ ]	
5 [ ]	

JUNE	2020

13	To-Do

1 [ ] _____

2 [ ] _____

3 [ ] _____

4 [ ] _____

5 [ ] _____

To-Do	14

1 [ ] _____

2 [ ] _____

3 [ ] _____

4 [ ] _____

5 [ ] _____

15	To-Do

1 [ ] _____

2 [ ] _____

3 [ ] _____

4 [ ] _____

5 [ ] _____

To-Do	16

1 [ ] _____

2 [ ] _____

3 [ ] _____

4 [ ] _____

5 [ ] _____

17	To-Do

To-Do _____

1 [ ] _____
2 [ ] _____
3 [ ] _____
4 [ ] _____
5 [ ] _____

To-Do	18

1 [ ] _____
2 [ ] _____
3 [ ] _____
4 [ ] _____
5 [ ] _____

19	To-Do

1 [ ] _____
2 [ ] _____
3 [ ] _____
4 [ ] _____
5 [ ] _____

To-Do	June Solstice 20

1 [ ] _____
2 [ ] _____
3 [ ] _____
4 [ ] _____
5 [ ] _____

21	To-Do

_____ 1 [ ] _____
_____ 2 [ ] _____
_____ 3 [ ] _____
_____ 4 [ ] _____
_____ 5 [ ] _____

To-Do	22

1 [ ] _____   _____
2 [ ] _____   _____
3 [ ] _____   _____
4 [ ] _____   _____
5 [ ] _____   _____

23	To-Do

_____ 1 [ ] _____
_____ 2 [ ] _____
_____ 3 [ ] _____
_____ 4 [ ] _____
_____ 5 [ ] _____

To-Do	24

1 [ ] _____   _____
2 [ ] _____   _____
3 [ ] _____   _____
4 [ ] _____   _____
5 [ ] _____   _____

JUNE	2020

25	To-Do
_____	1 [ ] _____
_____	2 [ ] _____
_____	3 [ ] _____
_____	4 [ ] _____
_____	5 [ ] _____

To-Do	26
1 [ ] _____	_____
2 [ ] _____	_____
3 [ ] _____	_____
4 [ ] _____	_____
5 [ ] _____	_____

27	To-Do
_____	1 [ ] _____
_____	2 [ ] _____
_____	3 [ ] _____
_____	4 [ ] _____
_____	5 [ ] _____

To-Do	28
1 [ ] _____	_____
2 [ ] _____	_____
3 [ ] _____	_____
4 [ ] _____	_____
5 [ ] _____	_____

JUNE	2020

29

To-Do

1 [ ] _____

2 [ ] _____

3 [ ] _____

4 [ ] _____

5 [ ] _____

To-Do	30

1 [ ] _____ _____

2 [ ] _____ _____

3 [ ] _____ _____

4 [ ] _____ _____

5 [ ] _____ _____

1	**To-Do**
_____	1 [ ] _____
_____	2 [ ] _____
_____	3 [ ] _____
_____	4 [ ] _____
_____	5 [ ] _____

To-Do	**2**
1 [ ] _____	_____
2 [ ] _____	_____
3 [ ] _____	_____
4 [ ] _____	_____
5 [ ] _____	_____

3 Independence Day USA	**To-Do**
_____	1 [ ] _____
_____	2 [ ] _____
_____	3 [ ] _____
_____	4 [ ] _____
_____	5 [ ] _____

To-Do	**4** Extra Independence Day
1 [ ] _____	_____
2 [ ] _____	_____
3 [ ] _____	_____
4 [ ] _____	_____
5 [ ] _____	_____

5	To-Do

1 [ ] _____
2 [ ] _____
3 [ ] _____
4 [ ] _____
5 [ ] _____

To-Do	6

1 [ ] _____
2 [ ] _____
3 [ ] _____
4 [ ] _____
5 [ ] _____

7	To-Do

1 [ ] _____
2 [ ] _____
3 [ ] _____
4 [ ] _____
5 [ ] _____

To-Do	8

1 [ ] _____
2 [ ] _____
3 [ ] _____
4 [ ] _____
5 [ ] _____

9	To-Do
	1 [ ]
	2 [ ]
	3 [ ]
	4 [ ]
	5 [ ]

To-Do	10
1 [ ]	
2 [ ]	
3 [ ]	
4 [ ]	
5 [ ]	

11	To-Do
	1 [ ]
	2 [ ]
	3 [ ]
	4 [ ]
	5 [ ]

To-Do	12 BH Battle of the Boyne (N.Ireland)
1 [ ]	
2 [ ]	
3 [ ]	
4 [ ]	
5 [ ]	

13	To-Do

1 [ ] _____
2 [ ] _____
3 [ ] _____
4 [ ] _____
5 [ ] _____

To-Do	14 Bastille Day

1 [ ] _____
2 [ ] _____
3 [ ] _____
4 [ ] _____
5 [ ] _____

15	To-Do

1 [ ] _____
2 [ ] _____
3 [ ] _____
4 [ ] _____
5 [ ] _____

To-Do	16

1 [ ] _____
2 [ ] _____
3 [ ] _____
4 [ ] _____
5 [ ] _____

17	To-Do

1 [ ] _____

2 [ ] _____

3 [ ] _____

4 [ ] _____

5 [ ] _____

To-Do 18

1 [ ] _____

2 [ ] _____

3 [ ] _____

4 [ ] _____

5 [ ] _____

19	To-Do

1 [ ] _____

2 [ ] _____

3 [ ] _____

4 [ ] _____

5 [ ] _____

To-Do 20

1 [ ] _____

2 [ ] _____

3 [ ] _____

4 [ ] _____

5 [ ] _____

21	To-Do

1 [ ] _____

2 [ ] _____

3 [ ] _____

4 [ ] _____

5 [ ] _____

To-Do	22

1 [ ] _____

2 [ ] _____

3 [ ] _____

4 [ ] _____

5 [ ] _____

23	To-Do

1 [ ] _____

2 [ ] _____

3 [ ] _____

4 [ ] _____

5 [ ] _____

To-Do	24

1 [ ] _____

2 [ ] _____

3 [ ] _____

4 [ ] _____

5 [ ] _____

25	To-Do
_____	1 [ ] _____
_____	2 [ ] _____
_____	3 [ ] _____
_____	4 [ ] _____
_____	5 [ ] _____

To-Do	26
1 [ ] _____	_____
2 [ ] _____	_____
3 [ ] _____	_____
4 [ ] _____	_____
5 [ ] _____	_____

27	To-Do
_____	1 [ ] _____
_____	2 [ ] _____
_____	3 [ ] _____
_____	4 [ ] _____
_____	5 [ ] _____

To-Do	28
1 [ ] _____	_____
2 [ ] _____	_____
3 [ ] _____	_____
4 [ ] _____	_____
5 [ ] _____	_____

Hajj 29

To-Do

1 [ ] _____
2 [ ] _____
3 [ ] _____
4 [ ] _____
5 [ ] _____

_____
_____
_____
_____
_____

To-Do

1 [ ] _____
2 [ ] _____
3 [ ] _____
4 [ ] _____
5 [ ] _____

30 Hajj / Day of Arafah

_____
_____
_____
_____
_____

Eid al-Adhh / Tabaski / Hajj 31

To-Do

_____
_____
_____
_____
_____

1 [ ] _____
2 [ ] _____
3 [ ] _____
4 [ ] _____
5 [ ] _____

Hajj **1**   **To-Do**

_____ 1 [ ] _____

_____ 2 [ ] _____

_____ 3 [ ] _____

_____ 4 [ ] _____

_____ 5 [ ] _____

To-Do   **2** Hajj

1 [ ] _____ _____

2 [ ] _____ _____

3 [ ] _____ _____

4 [ ] _____ _____

5 [ ] _____ _____

3 BH Summer Bank Holiday Scotland / Hajj   **To-Do**

_____ 1 [ ] _____

_____ 2 [ ] _____

_____ 3 [ ] _____

_____ 4 [ ] _____

_____ 5 [ ] _____

To-Do   **4**

1 [ ] _____ _____

2 [ ] _____ _____

3 [ ] _____ _____

4 [ ] _____ _____

5 [ ] _____ _____

5	To-Do

1 [ ] _____

2 [ ] _____

3 [ ] _____

4 [ ] _____

5 [ ] _____

To-Do	6

1 [ ] _____

2 [ ] _____

3 [ ] _____

4 [ ] _____

5 [ ] _____

7	To-Do

1 [ ] _____

2 [ ] _____

3 [ ] _____

4 [ ] _____

5 [ ] _____

To-Do	8

1 [ ] _____

2 [ ] _____

3 [ ] _____

4 [ ] _____

5 [ ] _____

9	To-Do
	1 [ ]
	2 [ ]
	3 [ ]
	4 [ ]
	5 [ ]

To-Do	10
1 [ ]	
2 [ ]	
3 [ ]	
4 [ ]	
5 [ ]	

11	To-Do
	1 [ ]
	2 [ ]
	3 [ ]
	4 [ ]
	5 [ ]

To-Do	12
1 [ ]	
2 [ ]	
3 [ ]	
4 [ ]	
5 [ ]	

13

To-Do

1 [ ] _____

2 [ ] _____

3 [ ] _____

4 [ ] _____

5 [ ] _____

_____

_____

_____

_____

_____

To-Do

14

1 [ ] _____ _____

2 [ ] _____ _____

3 [ ] _____ _____

4 [ ] _____ _____

5 [ ] _____ _____

15 Assumption of Mary

To-Do

1 [ ] _____

2 [ ] _____

3 [ ] _____

4 [ ] _____

5 [ ] _____

_____

_____

_____

_____

_____

To-Do

16

1 [ ] _____ _____

2 [ ] _____ _____

3 [ ] _____ _____

4 [ ] _____ _____

5 [ ] _____ _____

17	To-Do
	1 [ ]
	2 [ ]
	3 [ ]
	4 [ ]
	5 [ ]

To-Do	18
1 [ ]	
2 [ ]	
3 [ ]	
4 [ ]	
5 [ ]	

19	To-Do
	1 [ ]
	2 [ ]
	3 [ ]
	4 [ ]
	5 [ ]

To-Do	20
1 [ ]	
2 [ ]	
3 [ ]	
4 [ ]	
5 [ ]	

21 Senior Citizen Day USA   **To-Do**

_____   1 [ ] _____

_____   2 [ ] _____

_____   3 [ ] _____

_____   4 [ ] _____

_____   5 [ ] _____

To-Do   **22**

1 [ ] _____   _____

2 [ ] _____   _____

3 [ ] _____   _____

4 [ ] _____   _____

5 [ ] _____   _____

                        23   **To-Do**

_____   1 [ ] _____

_____   2 [ ] _____

_____   3 [ ] _____

_____   4 [ ] _____

_____   5 [ ] _____

To-Do   **24**

1 [ ] _____   _____

2 [ ] _____   _____

3 [ ] _____   _____

4 [ ] _____   _____

5 [ ] _____   _____

AUGUST	2020

25	To-Do
	1 [ ] _____
_____	2 [ ] _____
_____	3 [ ] _____
_____	4 [ ] _____
_____	5 [ ] _____

To-Do	26
1 [ ] _____	_____
2 [ ] _____	_____
3 [ ] _____	_____
4 [ ] _____	_____
5 [ ] _____	_____

27	To-Do
	1 [ ] _____
_____	2 [ ] _____
_____	3 [ ] _____
_____	4 [ ] _____
_____	5 [ ] _____

To-Do	28
1 [ ] _____	_____
2 [ ] _____	_____
3 [ ] _____	_____
4 [ ] _____	_____
5 [ ] _____	_____

Ashura **29**   **To-Do**

1 [ ] _____

2 [ ] _____

3 [ ] _____

4 [ ] _____

5 [ ] _____

To-Do   **30**

1 [ ] _____

2 [ ] _____

3 [ ] _____

4 [ ] _____

5 [ ] _____

31 BH Late Summer Holiday (UK)   **To-Do**

1 [ ] _____

2 [ ] _____

3 [ ] _____

4 [ ] _____

5 [ ] _____

SEPTEMBER	2020
1	**To-Do**

	1 [ ] _____
_____	2 [ ] _____
_____	3 [ ] _____
_____	4 [ ] _____
_____	5 [ ] _____
_____	

To-Do | **2**

1 [ ] _____ _____
2 [ ] _____ _____
3 [ ] _____ _____
4 [ ] _____ _____
5 [ ] _____ _____

3	**To-Do**
	1 [ ] _____
_____	2 [ ] _____
_____	3 [ ] _____
_____	4 [ ] _____
_____	5 [ ] _____
_____	

To-Do | **4**

1 [ ] _____ _____
2 [ ] _____ _____
3 [ ] _____ _____
4 [ ] _____ _____
5 [ ] _____ _____

5 · To-Do

1 [ ] _____
2 [ ] _____
3 [ ] _____
4 [ ] _____
5 [ ] _____

To-Do · 6

1 [ ] _____
2 [ ] _____
3 [ ] _____
4 [ ] _____
5 [ ] _____

7 Labor Day USA · To-Do

1 [ ] _____
2 [ ] _____
3 [ ] _____
4 [ ] _____
5 [ ] _____

To-Do · 8

1 [ ] _____
2 [ ] _____
3 [ ] _____
4 [ ] _____
5 [ ] _____

SEPTEMBER	2020

9	To-Do

_____ 1 [ ] _____

_____ 2 [ ] _____

_____ 3 [ ] _____

_____ 4 [ ] _____

_____ 5 [ ] _____

To-Do	10

1 [ ] _____ _____

2 [ ] _____ _____

3 [ ] _____ _____

4 [ ] _____ _____

5 [ ] _____ _____

11	To-Do

_____ 1 [ ] _____

_____ 2 [ ] _____

_____ 3 [ ] _____

_____ 4 [ ] _____

_____ 5 [ ] _____

To-Do	12

1 [ ] _____ _____

2 [ ] _____ _____

3 [ ] _____ _____

4 [ ] _____ _____

5 [ ] _____ _____

13	To-Do

1 [ ] _____

2 [ ] _____

3 [ ] _____

4 [ ] _____

5 [ ] _____

To-Do	14

1 [ ] _____

2 [ ] _____

3 [ ] _____

4 [ ] _____

5 [ ] _____

15	To-Do

1 [ ] _____

2 [ ] _____

3 [ ] _____

4 [ ] _____

5 [ ] _____

To-Do	16

1 [ ] _____

2 [ ] _____

3 [ ] _____

4 [ ] _____

5 [ ] _____

17	To-Do
_____	1 [ ] _____
_____	2 [ ] _____
_____	3 [ ] _____
_____	4 [ ] _____
_____	5 [ ] _____

To-Do	18
1 [ ] _____	_____
2 [ ] _____	_____
3 [ ] _____	_____
4 [ ] _____	_____
5 [ ] _____	_____

Rosh HaShanah 19	To-Do
_____	1 [ ] _____
_____	2 [ ] _____
_____	3 [ ] _____
_____	4 [ ] _____
_____	5 [ ] _____

To-Do	20
1 [ ] _____	_____
2 [ ] _____	_____
3 [ ] _____	_____
4 [ ] _____	_____
5 [ ] _____	_____

21	To-Do
_____	1 [ ] _____
_____	2 [ ] _____
_____	3 [ ] _____
_____	4 [ ] _____
_____	5 [ ] _____

To-Do	22
1 [ ] _____	_____
2 [ ] _____	_____
3 [ ] _____	_____
4 [ ] _____	_____
5 [ ] _____	_____

23	To-Do
_____	1 [ ] _____
_____	2 [ ] _____
_____	3 [ ] _____
_____	4 [ ] _____
_____	5 [ ] _____

To-Do	24
1 [ ] _____	_____
2 [ ] _____	_____
3 [ ] _____	_____
4 [ ] _____	_____
5 [ ] _____	_____

25	To-Do
_____	1 [ ] _____
_____	2 [ ] _____
_____	3 [ ] _____
_____	4 [ ] _____
_____	5 [ ] _____

To-Do	26
1 [ ] _____	_____
2 [ ] _____	_____
3 [ ] _____	_____
4 [ ] _____	_____
5 [ ] _____	_____

27	To-Do
_____	1 [ ] _____
_____	2 [ ] _____
_____	3 [ ] _____
_____	4 [ ] _____
_____	5 [ ] _____

To-Do	28 Yom Kipppur
1 [ ] _____	_____
2 [ ] _____	_____
3 [ ] _____	_____
4 [ ] _____	_____
5 [ ] _____	_____

SEPTEMBER	2020

29	To-Do
_____	1 [ ] _____
_____	2 [ ] _____
_____	3 [ ] _____
_____	4 [ ] _____
_____	5 [ ] _____

To-Do	30
1 [ ] _____	_____
2 [ ] _____	_____
3 [ ] _____	_____
4 [ ] _____	_____
5 [ ] _____	_____

1	To-Do
_____	1 [ ] _____
_____	2 [ ] _____
_____	3 [ ] _____
_____	4 [ ] _____
_____	5 [ ] _____

To-Do	2
1 [ ] _____	_____
2 [ ] _____	_____
3 [ ] _____	_____
4 [ ] _____	_____
5 [ ] _____	_____

Sukhot 3	To-Do
_____	1 [ ] _____
_____	2 [ ] _____
_____	3 [ ] _____
_____	4 [ ] _____
_____	5 [ ] _____

To-Do	4 St. Francis of Assisi Day
1 [ ] _____	_____
2 [ ] _____	_____
3 [ ] _____	_____
4 [ ] _____	_____
5 [ ] _____	_____

5	To-Do
	1 [ ] _____
	2 [ ] _____
	3 [ ] _____
	4 [ ] _____
	5 [ ] _____

To-Do	6
1 [ ] _____	_____
2 [ ] _____	_____
3 [ ] _____	_____
4 [ ] _____	_____
5 [ ] _____	_____

7	To-Do
	1 [ ] _____
	2 [ ] _____
	3 [ ] _____
	4 [ ] _____
	5 [ ] _____

To-Do	8
1 [ ] _____	_____
2 [ ] _____	_____
3 [ ] _____	_____
4 [ ] _____	_____
5 [ ] _____	_____

9	To-Do
	1 [ ] _____
_____	2 [ ] _____
_____	3 [ ] _____
_____	4 [ ] _____
_____	5 [ ] _____

To-Do   **10** Shemini Atzeret

1 [ ] _____ _____
2 [ ] _____ _____
3 [ ] _____ _____
4 [ ] _____ _____
5 [ ] _____ _____

Simchat Torah **11**   **To-Do**

	1 [ ] _____
_____	2 [ ] _____
_____	3 [ ] _____
_____	4 [ ] _____
_____	5 [ ] _____

To-Do   Columbus Day USA **12**

1 [ ] _____ _____
2 [ ] _____ _____
3 [ ] _____ _____
4 [ ] _____ _____
5 [ ] _____ _____

13

To-Do

1 [ ] _____
2 [ ] _____
3 [ ] _____
4 [ ] _____
5 [ ] _____

_____
_____
_____
_____
_____

To-Do

14

1 [ ] _____ _____
2 [ ] _____ _____
3 [ ] _____ _____
4 [ ] _____ _____
5 [ ] _____ _____

15

To-Do

1 [ ] _____
2 [ ] _____
3 [ ] _____
4 [ ] _____
5 [ ] _____

_____
_____
_____
_____
_____

To-Do

16

1 [ ] _____ _____
2 [ ] _____ _____
3 [ ] _____ _____
4 [ ] _____ _____
5 [ ] _____ _____

| 17 | To-Do |

1 [ ] _____

2 [ ] _____

3 [ ] _____

4 [ ] _____

5 [ ] _____

| To-Do | 18 |

1 [ ] _____

2 [ ] _____

3 [ ] _____

4 [ ] _____

5 [ ] _____

| 19 | To-Do |

1 [ ] _____

2 [ ] _____

3 [ ] _____

4 [ ] _____

5 [ ] _____

| To-Do | 20 |

1 [ ] _____

2 [ ] _____

3 [ ] _____

4 [ ] _____

5 [ ] _____

21

To-Do

1 [ ]
2 [ ]
3 [ ]
4 [ ]
5 [ ]

To-Do

22

1 [ ]
2 [ ]
3 [ ]
4 [ ]
5 [ ]

23

To-Do

1 [ ]
2 [ ]
3 [ ]
4 [ ]
5 [ ]

To-Do

24

1 [ ]
2 [ ]
3 [ ]
4 [ ]
5 [ ]

OCTOBER	2020

Sun Yom HaAliyah (school observance) **25**

To-Do

1 [ ] _____
2 [ ] _____
3 [ ] _____
4 [ ] _____
5 [ ] _____

To-Do   **26**

1 [ ] _____ _____
2 [ ] _____ _____
3 [ ] _____ _____
4 [ ] _____ _____
5 [ ] _____ _____

27   **To-Do**

1 [ ] _____
2 [ ] _____
3 [ ] _____
4 [ ] _____
5 [ ] _____

To-Do   **28**

1 [ ] _____ _____
2 [ ] _____ _____
3 [ ] _____ _____
4 [ ] _____ _____
5 [ ] _____ _____

Prophet Muhammed Birthday 29   **To-Do**

_____ 1 [ ] _____

_____ 2 [ ] _____

_____ 3 [ ] _____

_____ 4 [ ] _____

_____ 5 [ ] _____

To-Do   **30**

1 [ ] _____ _____

2 [ ] _____ _____

3 [ ] _____ _____

4 [ ] _____ _____

5 [ ] _____ _____

31 Halloween   **To-Do**

_____ 1 [ ] _____

_____ 2 [ ] _____

_____ 3 [ ] _____

_____ 4 [ ] _____

_____ 5 [ ] _____

1 All Saints Day

To-Do

1 [ ] _____
2 [ ] _____
3 [ ] _____
4 [ ] _____
5 [ ] _____

To-Do

2 All Souls Day

1 [ ] _____
2 [ ] _____
3 [ ] _____
4 [ ] _____
5 [ ] _____

3

To-Do

1 [ ] _____
2 [ ] _____
3 [ ] _____
4 [ ] _____
5 [ ] _____

To-Do

4

1 [ ] _____
2 [ ] _____
3 [ ] _____
4 [ ] _____
5 [ ] _____

5 Guy Fawkes (UK) Fireworks

To-Do

1 [ ] _____
2 [ ] _____
3 [ ] _____
4 [ ] _____
5 [ ] _____

To-Do   **6**

1 [ ] _____
2 [ ] _____
3 [ ] _____
4 [ ] _____
5 [ ] _____

7   **To-Do**

1 [ ] _____
2 [ ] _____
3 [ ] _____
4 [ ] _____
5 [ ] _____

To-Do   **8**

1 [ ] _____
2 [ ] _____
3 [ ] _____
4 [ ] _____
5 [ ] _____

9	To-Do

To-Do

1 [ ] _____

2 [ ] _____

3 [ ] _____

4 [ ] _____

5 [ ] _____

To-Do 10

1 [ ] _____ _____

2 [ ] _____ _____

3 [ ] _____ _____

4 [ ] _____ _____

5 [ ] _____ _____

Veterans Day USA 11 To-Do

1 [ ] _____

2 [ ] _____

3 [ ] _____

4 [ ] _____

5 [ ] _____

To-Do 12

1 [ ] _____ _____

2 [ ] _____ _____

3 [ ] _____ _____

4 [ ] _____ _____

5 [ ] _____ _____

13

To-Do

1 [ ] _____
2 [ ] _____
3 [ ] _____
4 [ ] _____
5 [ ] _____

To-Do

14

1 [ ] _____
2 [ ] _____
3 [ ] _____
4 [ ] _____
5 [ ] _____

15

To-Do

1 [ ] _____
2 [ ] _____
3 [ ] _____
4 [ ] _____
5 [ ] _____

To-Do

16

1 [ ] _____
2 [ ] _____
3 [ ] _____
4 [ ] _____
5 [ ] _____

NOVEMBER	2020

17	To-Do

1 [ ] _____

2 [ ] _____

3 [ ] _____

4 [ ] _____

5 [ ] _____

To-Do	18

1 [ ] _____

2 [ ] _____

3 [ ] _____

4 [ ] _____

5 [ ] _____

19	To-Do

1 [ ] _____

2 [ ] _____

3 [ ] _____

4 [ ] _____

5 [ ] _____

To-Do	20

1 [ ] _____

2 [ ] _____

3 [ ] _____

4 [ ] _____

5 [ ] _____

21

To-Do

1 [ ] _____

2 [ ] _____

3 [ ] _____

4 [ ] _____

5 [ ] _____

To-Do

22

1 [ ] _____

2 [ ] _____

3 [ ] _____

4 [ ] _____

5 [ ] _____

23

To-Do

1 [ ] _____

2 [ ] _____

3 [ ] _____

4 [ ] _____

5 [ ] _____

To-Do

24

1 [ ] _____

2 [ ] _____

3 [ ] _____

4 [ ] _____

5 [ ] _____

25	To-Do
_____	1 [ ] _____
_____	2 [ ] _____
_____	3 [ ] _____
_____	4 [ ] _____
_____	5 [ ] _____

To-Do	Thanksgiving Day USA 26
1 [ ] _____	_____
2 [ ] _____	_____
3 [ ] _____	_____
4 [ ] _____	_____
5 [ ] _____	_____

27	To-Do
_____	1 [ ] _____
_____	2 [ ] _____
_____	3 [ ] _____
_____	4 [ ] _____
_____	5 [ ] _____

To-Do	28
1 [ ] _____	_____
2 [ ] _____	_____
3 [ ] _____	_____
4 [ ] _____	_____
5 [ ] _____	_____

29	To-Do

1 [ ] _____
2 [ ] _____
3 [ ] _____
4 [ ] _____
5 [ ] _____

To-Do

30 St. Andrew's Day Scotland

1 [ ] _____
2 [ ] _____
3 [ ] _____
4 [ ] _____
5 [ ] _____

1	To-Do

1 [ ] _____
_____ 2 [ ] _____
_____ 3 [ ] _____
_____ 4 [ ] _____
_____ 5 [ ] _____
_____

To-Do 2

1 [ ] _____ _____
2 [ ] _____ _____
3 [ ] _____ _____
4 [ ] _____ _____
5 [ ] _____ _____

3	To-Do

1 [ ] _____
_____ 2 [ ] _____
_____ 3 [ ] _____
_____ 4 [ ] _____
_____ 5 [ ] _____
_____

To-Do 4

1 [ ] _____ _____
2 [ ] _____ _____
3 [ ] _____ _____
4 [ ] _____ _____
5 [ ] _____ _____

5   **To-Do**

_____ 1 [ ] _____

_____ 2 [ ] _____

_____ 3 [ ] _____

_____ 4 [ ] _____

_____ 5 [ ] _____

To-Do   **6** St. Nicholas Day

1 [ ] _____   _____

2 [ ] _____   _____

3 [ ] _____   _____

4 [ ] _____   _____

5 [ ] _____   _____

7 Pearl Harbour Remembrance Day USA   **To-Do**

_____ 1 [ ] _____

_____ 2 [ ] _____

_____ 3 [ ] _____

_____ 4 [ ] _____

_____ 5 [ ] _____

To-Do   **8** Feast of the Immaculate Conception

1 [ ] _____   _____

2 [ ] _____   _____

3 [ ] _____   _____

4 [ ] _____   _____

5 [ ] _____   _____

9

To-Do

1 [ ] _____
2 [ ] _____
3 [ ] _____
4 [ ] _____
5 [ ] _____

To-Do

10

1 [ ] _____
2 [ ] _____
3 [ ] _____
4 [ ] _____
5 [ ] _____

Hanukkah 11

To-Do

1 [ ] _____
2 [ ] _____
3 [ ] _____
4 [ ] _____
5 [ ] _____

To-Do

12

1 [ ] _____
2 [ ] _____
3 [ ] _____
4 [ ] _____
5 [ ] _____

13   To-Do

1 [ ] _____
2 [ ] _____
3 [ ] _____
4 [ ] _____
5 [ ] _____

To-Do   14

1 [ ] _____
2 [ ] _____
3 [ ] _____
4 [ ] _____
5 [ ] _____

15   To-Do

1 [ ] _____
2 [ ] _____
3 [ ] _____
4 [ ] _____
5 [ ] _____

To-Do   16

1 [ ] _____
2 [ ] _____
3 [ ] _____
4 [ ] _____
5 [ ] _____

17	**To-Do**
_____	1 [ ] _____
_____	2 [ ] _____
_____	3 [ ] _____
_____	4 [ ] _____
_____	5 [ ] _____

To-Do	**18**
1 [ ] _____	_____
2 [ ] _____	_____
3 [ ] _____	_____
4 [ ] _____	_____
5 [ ] _____	_____

19	**To-Do**
_____	1 [ ] _____
_____	2 [ ] _____
_____	3 [ ] _____
_____	4 [ ] _____
_____	5 [ ] _____

To-Do	**20**
1 [ ] _____	_____
2 [ ] _____	_____
3 [ ] _____	_____
4 [ ] _____	_____
5 [ ] _____	_____

21

To-Do

1 [ ] _____
_____

2 [ ] _____
_____

3 [ ] _____
_____

4 [ ] _____
_____

5 [ ] _____
_____

To-Do

22

1 [ ] _____ _____

2 [ ] _____ _____

3 [ ] _____ _____

4 [ ] _____ _____

5 [ ] _____ _____

23

To-Do

1 [ ] _____
_____

2 [ ] _____
_____

3 [ ] _____
_____

4 [ ] _____
_____

5 [ ] _____
_____

To-Do

24 Christmas Eve

1 [ ] _____ _____

2 [ ] _____ _____

3 [ ] _____ _____

4 [ ] _____ _____

5 [ ] _____ _____

DECEMBER	2020

25 Christmas Day UK & USA | **To-Do**

1 [ ] _____
2 [ ] _____
3 [ ] _____
4 [ ] _____
5 [ ] _____

To-Do | **26** Boxing Day

1 [ ] _____
2 [ ] _____
3 [ ] _____
4 [ ] _____
5 [ ] _____

27 | **To-Do**

1 [ ] _____
2 [ ] _____
3 [ ] _____
4 [ ] _____
5 [ ] _____

To-Do | Boxing Day UK **28**

1 [ ] _____
2 [ ] _____
3 [ ] _____
4 [ ] _____
5 [ ] _____

DECEMBER	2020

29	To-Do
_____	1 [ ] _____
_____	2 [ ] _____
_____	3 [ ] _____
_____	4 [ ] _____
_____	5 [ ] _____

To-Do	30
1 [ ] _____	_____
2 [ ] _____	_____
3 [ ] _____	_____
4 [ ] _____	_____
5 [ ] _____	_____

31 New Year's Eve	To-Do
_____	1 [ ] _____
_____	2 [ ] _____
_____	3 [ ] _____
_____	4 [ ] _____
_____	5 [ ] _____

CONTACT LIST	
NAME	**TYPE (Tel. / Email / Address Card sent B/day Xmas other)**

CONTACT LIST	
NAME	TYPE (Tel. / Email / Address Card sent B/day Xmas other)

CONTACT LIST	
NAME	**TYPE (Tel. / Email / Address Card sent B/day Xmas other)**

CONTACT LIST	
NAME	**TYPE (Tel. / Email / Address Card sent B/day Xmas other)**

CONTACT LIST	
NAME	**TYPE (Tel. / Email / Address Card sent B/day Xmas other)**

2019

JANUARY

S	M	T	W	T	F	S
		1	2	3	4	5
6	7	8	9	10	11	12
13	14	15	16	17	18	19
20	21	22	23	24	25	26
27	28	29	30	31		

FEBRUARY

S	M	T	W	T	F	S
					1	2
3	4	5	6	7	8	9
10	11	12	13	14	15	16
17	18	19	20	21	22	23
24	25	26	27	28		

MARCH

S	M	T	W	T	F	S
					1	2
3	4	5	6	7	8	9
10	11	12	13	14	15	16
17	18	19	20	21	22	23
24	25	26	27	28	29	30
31						

APRIL

S	M	T	W	T	F	S
	1	2	3	4	5	6
7	8	9	10	11	12	13
14	15	16	17	18	19	20
21	22	23	24	25	26	27
28	29	30				

MAY

S	M	T	W	T	F	S
			1	2	3	4
5	6	7	8	9	10	11
12	13	14	15	16	17	18
19	20	21	22	23	24	25
26	27	28	29	30		
30	31					

JUNE

S	M	T	W	T	F	S
						1
2	3	4	5	6	7	8
9	10	11	12	13	14	15
16	17	18	19	20	21	22
23	24	25	26	27	28	29
30						

JULY

S	M	T	W	T	F	S
	1	2	3	4	5	6
7	8	9	10	11	12	13
14	15	16	17	18	19	20
21	22	23	24	25	26	27
28	29	30	31			

AUGUST

S	M	T	W	T	F	S
				1	2	3
4	5	6	7	8	9	10
11	12	13	14	15	16	17
18	19	20	21	22	23	24
25	26	27	28	29	30	31

SEPTEMBER

S	M	T	W	T	F	S
1	2	3	4	5	6	7
8	9	10	11	12	13	14
15	16	17	18	19	20	21
22	23	24	25	26	27	28
29	30					

OCTOBER

S	M	T	W	T	F	S
		1	2	3	4	5
6	7	8	9	10	11	12
13	14	15	16	17	18	19
20	21	22	23	24	25	26
27	28	29	30	31		

NOVEMBER

S	M	T	W	T	F	S
					1	2
3	4	5	6	7	8	9
10	11	12	13	14	15	16
17	18	19	20	21	22	23
24	25	26	27	28	29	30

DECEMBER

S	M	T	W	T	F	S
1	2	3	4	5	6	7
8	9	10	11	12	13	14
15	16	17	18	19	20	21
22	23	24	25	26	27	28
29	30	31				

2021

JANUARY

S	M	T	W	T	F	S
					1	2
3	4	5	6	7	8	9
10	11	12	13	14	15	16
17	18	19	20	21	22	23
24	25	26	27	28	29	30
31						

FEBRUARY

S	M	T	W	T	F	S
	1	2	3	4	5	6
7	8	9	10	11	12	13
14	15	16	17	18	19	20
21	22	23	24	25	26	27
28						

MARCH

S	M	T	W	T	F	S
	1	2	3	4	5	6
7	8	9	10	11	12	13
14	15	16	17	18	19	20
21	22	23	24	25	26	27
28	29	30	31			

APRIL

S	M	T	W	T	F	S
				1	2	3
4	5	6	7	8	9	10
11	12	13	14	15	16	17
18	19	20	21	22	23	24
25	26	27	28	29	30	31

MAY

S	M	T	W	T	F	S
						1
2	3	4	5	6	7	8
9	10	11	12	13	14	15
16	17	18	19	20	21	22
23	24	25	26	27	28	29
30	31					

JUNE

S	M	T	W	T	F	S
		1	2	3	4	5
6	7	8	9	10	11	12
13	14	15	16	17	18	19
20	21	22	23	24	25	26
27	28	29	30			

JULY

S	M	T	W	T	F	S
				1	2	3
4	5	6	7	8	9	10
11	12	13	14	15	16	17
18	19	20	21	22	23	24
25	26	27	28	29	30	31

AUGUST

S	M	T	W	T	F	S
1	2	3	4	5	6	7
8	9	10	11	12	13	14
15	16	17	18	19	20	21
22	23	24	25	26	27	28
29	30	31				

SEPTEMBER

S	M	T	W	T	F	S
			1	2	3	4
5	6	7	8	9	10	11
12	13	14	15	16	17	18
19	20	21	22	23	24	25
26	27	28	29	30		

OCTOBER

S	M	T	W	T	F	S
					1	2
3	4	5	6	7	8	9
10	11	12	13	14	15	16
17	18	19	20	21	22	23
24	25	26	27	28	29	30
31						

NOVEMBER

S	M	T	W	T	F	S
	1	2	3	4	5	6
7	8	9	10	11	12	13
14	15	16	17	18	19	20
21	22	23	24	25	26	27
28	29	30				

DECEMBER

S	M	T	W	T	F	S
			1	2	3	4
5	6	7	8	9	10	11
12	13	14	15	16	17	18
19	20	21	22	23	24	25
26	27	28	29	30	31	